DES
ASSURANCES
SUR LA VIE

CONSIDÉRATIONS ET CONSEILS

PAR

G. RÉROLLE

AGENT GÉNÉRAL

LYON

IMPRIMERIE TYPOGRAPHIQUE BELLON

33, RUE DE LYON, 33

1872

DES ASSURANCES SUR LA VIE

17080

DES

ASSURANCES

SUR LA VIE

CONSIDÉRATIONS ET CONSEILS

PAR

G. RÉROLLE

AGENT GÉNÉRAL

LYON

IMPRIMERIE TYPOGRAPHIQUE BELLON

33, RUE DE LYON, 33

—

1872

SOMMAIRE

De l'utilité et de la moralité des Assurances sur la Vie

Des raisons principales qui militent en leur faveur.

Des objections qui nuisent à leur plus grand développement.

Des personnes auxquelles convient surtout l'assurance.

De la solvabilité et de l'honorabilité des Compagnies Françaises.

ASSURANCES SUR LA VIE

CONSIDÉRATIONS ET CONSEILS

Appelé par mes fonctions à populariser les assurances sur la vie, convaincu de leur utilité, et désireux d'en faire apprécier les bienfaits, j'essaierai de grouper le plus succinctement possible (dans l'espoir d'être lu) les principales raisons qui doivent placer cette institution au rang des belles conceptions de l'esprit humain.

Je veux en démontrer le côté essentiellement moral, en faire comprendre l'influence salutaire, prouver que si l'assurance sur la vie est un acte de sage prévoyance, elle est certainement, dans un grand nombre de cas, un véritable devoir.

Je voudrais aussi que tout le monde connut et fut dès lors à même d'apprécier le mécanisme des assurances sur la vie ; que tout le monde fut édifié sur l'honorabilité et la solidité des compagnies françaises.

Il me faudra pour cela combattre des préjugés nombreux, des répugnances fortement enracinées ; vaincre surtout l'indifférence, l'une des plaies les plus dangereuses de notre époque.

C'est entreprendre un travail au-dessus de mes forces, mais persuadé de la justesse de cet axiome, *qu'une idée vraie doit faire son chemin malgré les obstacles*, convaincu de la bonté de ma cause, je réclamerai toute indulgence de mes lecteurs et les prierai de s'attacher moins à la forme qu'au fond.

Je n'ai pas la prétention d'émettre des idées nouvelles ; il me suffira de glaner dans les nombreux écrits de MM. Michel Chevalier, Sarcey, Borie, Assolant, Bellier, About, Reboul, de Courcy, Vauzanges, Cournot, Levasseur, Gourdon de Genouilhac, Richard et tant d'autres, qu'il me serait trop long d'énumérer.

Je veux simplement mettre en relief les explications les plus saillantes données par ces économistes distingués, ces hautes intelligences, dont l'opinion fait autorité et dont les écrits, s'ils ont pour but de vulgariser les principes de l'assurance, auront pour résultat d'aider à la moralisation des masses, en leur prêchant l'épargne, et en les initiant à cette vertu sociale, qui, selon la définition de Victor Borie, s'appelle *abnégation de soi-même*.

Si parmi les personnes qui me liront, ces aperçus peuvent ébranler quelques incrédules, et les amener à étudier la question — *elle en vaut certes la peine* — j'aurai tout lieu d'être satisfait.

Avant d'entrer dans le vif de la question, que mes lecteurs me permettent de leur faire connaître ce que pensent de l'assurance certains hommes dont l'opinion mérite d'être prise en considération.

Monsieur le baron de BEAUVERGER, rapporteur de la Commission, s'exprimait ainsi à la tribune du Corps législatif :

« Messieurs, une des plus intéressantes et des plus utiles
« applications des sciences exactes au bien-être des
« sociétés, est la théorie des assurances sur la vie. Trou-
« ver dans l'accumulation de sacrifices presque insensibles,
« le moyen de conjurer les risques qui, sous tant de formes
« diverses, assiégent l'existence humaine ; tel est le pro-
« blème qu'a résolu, guidé par d'illustres précepteurs, le
« mouvement général des idées modernes. »

M. le baron de Beauverger, après avoir, au nom de la Commission, reconnu la moralité et l'utilité de l'assurance, rendait en même temps hommage à l'esprit de sagesse et de prévoyance qui préside aux opérations des Compagnies françaises.

Il convient aussi de rappeler les paroles de M. DEVINK.

« Le chef de famille se prive en partie de ce qu'il
« gagne ; il s'en retire la jouissance dans le but d'assurer,

« après sa mort, à ceux qu'il aime, les secours néces-
« saires; c'est un acte essentiellement utile, essentiellement
« moral. »

M. Michel CHEVALIER, cet économiste distingué, dont
l'opinion fait autorité, s'exprime ainsi sur l'assurance en
cas de décès :

« C'est la prévoyance à haute puissance; c'est une des
« combinaisons les plus ingénieuses », etc., etc.; et plus
loin :

« Il ne serait pas facile de citer une institution qui
« donne mieux satisfaction à l'esprit d'ordre et de progrès
« tout à la fois. »

En 1867, la Faculté de droit de Paris, désignait pour
sujet d'un concours au doctorat, la question de l'assurance
sur la vie.

M. LÉVEILLÉ, professeur, fut chargé du rapport. Les
paroles qu'il a prononcées, dans le lieu même où avait
retenti l'anathème de M. Dupin, méritent d'être citées.
Elles sont la preuve irréfutable des progrès faits en si peu
d'années, dans l'opinion publique :

« Un tel sujet, a-t-il dit, que les jurisconsultes n'ont
« encore qu'effleuré, devait plaire à de jeunes esprits qui
« se sentent quelque sève et qui n'ont pas peur des choses
« de leur temps.

« L'assurance sur la vie est née d'hier en France, mais
« combien elle doit grandir !

« Avant que le siècle s'achève, Messieurs, l'assurance
« sur la vie comptera parmi les institutions les plus sé-
« rieuses du pays. L'assurance, en effet, n'est elle pas la
« sauvegarde des familles? elle garantit les veuves que
« notre code Napoléon sacrifie dans le règlement des suc-
« cessions. Elle fait la sécurité des berceaux. Quant nous
« appelons un être à la vie, nous assumons sur nous la
« responsabilité la plus lourde ; nous nous imposons des
« devoirs étroits qui nous survivent. L'assurance au décès,
« est le moyen de payer par de là le tombeau cette dette
« sacrée. »

L'assurance contre l'incendie est aujourd'hui question
jugée :

Que de sinistres n'a-t-elle pas réparés? que de ruines,
de misères, n'a-t-elle pas conjurées? aussi qui donc oserait
en nier les bienfaits et les avantages ?

Tout homme, dès qu'il devient propriétaire, se hâte, en
payant une prime, de faire la part du terrible fléau. Il
acquiert ainsi la sécurité ; il transforme la possibilité de
perdre le tout, en certitude de ne perdre qu'une partie de
ce tout.

Il en est de même des assurances maritimes; le négociant
ne veut plus courir le risque de mer, il ne veut plus être
exposé à une perte totale ou partielle.

Les assurances sur la vie ne devraient-elles pas jouir
de la même faveur, car le danger n'est pas moins
menaçant?

En effet si le feu peut atteindre la maison , la mort sans respect pour les âges, ne menace-t-elle pas et ne menacera-t-elle pas toujours l'existence?

L'assurance sur la vie est de la plus haute importance, puisqu'elle a pour but de conjurer l'anéantissement de notre travail ; elle justifie et mérite les efforts des amis de l'humanité, par cette raison, qu'ayant pour base l'épargne au profit des tiers, elle est par cela même l'antipode de l'égoïsme, et que, généralisée, elle peut et doit devenir un puissant agent de moralisation.

Elle se prête à une foule de combinaisons, en raison des risques à courir, mais je ne parlerai que de l'assurance vie entière, attendu qu'elle convient au plus grand nombre et surtout aux pères de famille.

Pour ces derniers, s'assurer a dit un écrivain distingué : « c'est faire acte de la plus sage prévoyance; c'est prolon-
« ger même au delà du tombeau, la protection que tout
« homme doit à sa famille. »

Tout le monde connaît le résultat des placements viagers. Cette opération qui consiste à vendre un capital pour obtenir de son vivant une plus grande somme de revenus, convient surtout à l'homme isolé, sans famille.

Certain de ne laisser en mourant aucune charge derrière lui, il peut dès lors employer les moyens les plus propres à accroître ses rentes, souvent trop maigres.

Peu lui importe, si avec lui s'éteignent rentes et capital. Aussi transforme-t-il son capital en revenus.

S'assurer sur la vie en cas de décès est tout à fait l'opposé; c'est transformer partie de son revenu en capital, c'est s'imposer une privation annuelle, afin de léguer à des personnes aimées, une somme destinée à assurer leur bien-être, même après sa mort.

C'est, en un mot, constituer un héritage au profit de survivants.

Pour un père de famille, pour un fils, parfois unique soutien de parents vieux ou infirmes, c'est évidemment un acte de sage prévoyance; c'est une grande marque d'affection; et dans beaucoup de cas, c'est un devoir.

Chez un honnête homme, a dit M. Richard : « peut-il être « plus douce satisfaction que celle d'avoir fait son devoir ? « et de tous les devoirs, celui de pourvoir, même après sa « mort, à l'avenir de sa famille, n'est il pas le plus impé- « rieux ? »

Aussi faut-il être terriblement imbu de préjugés pour taxer cette institution d'immorale.

A cette opinion qui se produit rarement (il faut en convenir), la conscience publique a répondu. Aussi voyons nous figurer parmi nos assurés des hommes éminents dans la magistrature, dans la finance, dans l'enseignement, dans l'industrie et dans le commerce.

De ce que l'assurance sur la vie a poussé La Pommeraie à commettre un crime, il serait absurde d'en conclure qu'il faille repousser l'assurance.

Si des fripons abusent parfois de l'assurance contre l'incendie, doit-on condamner cette institution dont l'utilité est incontestable?

Le fusil de chasse a servi parfois à l'assassinat, faut-il pour ce motif interdire le fusil?

Quoi qu'on puisse dire, l'assurance sur la vie est morale et utile.

Elle introduit dans les masses le goût, la pratique de l'économie et de la prévoyance ; elle tend à resserrer les liens de famille ; elle apporte l'aisance et donne incontestablement une grande tranquillité d'esprit à l'homme sur lequel repose l'avenir des êtres qu'il affectionne.

Survienne la mort prématurée du chef de famille, croyez vous que cette femme, ces enfants désolés, ne sentiront pas plus vivement la perte qu'ils ont faite en songeant à la haute prévoyance de celui qu'ils pleurent? son souvenir ne restera-t-il pas plus profondément gravé au fond de leur cœur ?

Si nous trouvons parfois autour de nous des résistances chez des hommes cependant prudents et sérieux, c'est que le plus souvent ils repoussent toute ouverture sans même vouloir se livrer à aucun examen, à aucune étude.

Que de fois n'avons nous pas entendu dire que l'assurance sur la vie était un jeu, une loterie ?

Avec un peu de réflexion on découvrirait le contraire.

En effet, que fait le joueur ? que fait l'homme qui porte ses épargnes à un bureau de loterie ? évidemment ils échangent tous les deux, le certain contre l'incertain.

Que fait l'homme qui s'assure, sinon échanger l'incertain contre le certain ?

Le négociant qui n'assure pas sa marchandise contre l'incendie, joue avec le fléau ; mais dès que sa marchandise est assurée, il ne joue plus.

Il en est de même pour les assurances sur la vie.

Mais l'assureur contre l'incendie, qui opère sur une quantité énorme de marchandises, dont les risques sont divisés à l'infini ; l'assureur sur la vie qui opère sur un grand nombre de têtes dont la vie moyenne est connue et ne saurait varier sensiblement, éliminent par ce fait toutes les chances du hasard.

Assureurs et assurés sont donc en sûreté.

J'ai quelquefois entendu émettre cette opinion (bien triste, il faut l'avouer) — *l'assurance porte malheur*. — Mais s'il en était ainsi, les Compagnies marcheraient à leur ruine, la mort d'un assuré étant pour elles un véritable sinistre.

C'est le contraire qui est vrai ; en effet, si la plupart des Compagnies françaises sont prospères, c'est que leurs assurés dépassent, en général, la durée de la vie moyenne, qui a servi de base à leurs tarifs. Il serait donc plus juste de dire, que le seul fait d'être admis dans une compagnie d'assurances sur la vie, est pour l'assuré une garantie de longévité.

Je vous engage à consulter les médecins; ils seront unanimes à vous dire, que de deux hommes atteints de la même maladie, ils ont dix fois plus de chances de guérir celui qui est assuré; et cela se conçoit aisément.

L'homme assuré a moins de soucis, l'avenir l'inquiète moins, parce qu'il sait que le capital qu'il représente, ne doit pas périr avec lui, et qu'il laissera des moyens d'existence à ceux dont Dieu lui a confié la charge; de là, un repos d'esprit, une sécurité favorable à la santé.

« La prévision de la mort, a dit quelque part M. JOURDAN, « est l'acte le plus sage, le plus religieux, qu'on puisse « accomplir pendant la vie. »

Méditant des paroles si vraies, repoussons donc des préjugés qui ne sont plus de notre temps; ne fermons pas les yeux devant une triste mais nécessaire éventualité, et moins imprévoyants, ayons recours à l'assurance qui, dans certains cas, peut éviter bien des maux, conjurer bien des ruines, et par cela même procurer à l'assuré une tranquillité d'esprit nécessaire au maintien de la santé.

Mais, disent quelques personnes, nous comprenons très-bien l'utilité de l'assurance, et si les primes étaient moins élevées certainement nous n'hésiterions pas.

A celles-là, je dirai que les tarifs ne sont pas arbitraires; qu'ils sont établis d'après des tables de mortalité, basées elles-mêmes sur des moyennes exactement relevées et calculées avec l'exactitude mathématique la plus rigoureuse.

La prime ne saurait être à volonté, chère ou bon marché ; elle est (suivant l'âge) ce qu'il faut qu'elle soit pour couvrir les risques de la mortalité, sur laquelle ni l'assureur ni l'assuré ne peuvent rien.

A l'âge de 40 ou 50 ans, la prime à payer est naturellement tout autre qu'à l'âge de 25 ou 30 ans ; aussi conseillerais-je d'avoir recours à l'assurance le plus jeune possible.

Il est bon de faire observer que les assurés pour la vie entière, ayant droit à la moitié des bénéfices nets de la compagnie, il en résulte pour eux un allégement aux sacrifices qu'ils s'imposent, ce qui équivaut, en réalité, à une forte diminution de la prime.

Ce compte des bénéfices est établi de deux ans en deux ans, et la part de chaque assuré, réglée au prorata des versements effectués, peut, au gré de ce dernier, lui être comptée en espèces ou être appliquée à une réduction successive de la prime, ou enfin servir à l'augmentation du capital assuré.

Les bénéfices de la compagnie devant (en temps normal), augmenter à chaque inventaire, il convient d'examiner qu'elle sera la position de l'assuré, suivant qu'il aura adopté tel ou tel mode de répartition.

Dans le premier cas, la somme qui lui sera attribuée sera, comme je l'ai dit, un allégement aux sacrifices qu'il s'est imposés.

Lorsque sa part des bénéfices représentera une somme égale à la prime à payer, il s'en servira pour acquitter cette dernière ; mais si la somme à percevoir est supérieure au montant de la prime, il encaissera alors la différence à son profit, et cette hypothèse peut parfaitement arriver, si l'existence de l'assuré dépasse la durée moyenne de la vie humaine.

Dans le second cas. — La prime annuelle subira à chaque inventaire une réduction d'autant plus sensible, que l'on s'éloignera davantage de l'époque à laquelle le contrat a été souscrit — et enfin arrivera une époque où la prime successivement diminuée sera complétement éteinte. Alors l'assuré se trouvera libéré de tout engagement et restera dès-lors, sa vie durant, rentier de la compagnie.

A sa mort, les héritiers n'en toucheront pas moins le le capital assuré.

Dans le troisième cas. — Le capital assuré augmentant à chaque inventaire peut doubler, tripler même.

Le droit de 50 % sur les bénéfices est si peu illusoire, comme le prétendent quelques esprits forts, que les compagnies sont toutes disposées à faire chaque année une remise de 10 % sur le montant de la prime, à tout assuré qui, en contractant, renoncerait à son droit de participation.

L'assurance sur la vie, qui doit être considérée en première ligne comme un acte de prévoyance, peut donc aussi être envisagée comme une opération profitable aux deux parties.

Aux héritiers ou bénéficiaires désignés du contrat, par le capital qui leur revient en cas de décès.

A l'assuré, par la part des bénéfices à laquelle il a droit.

Dans l'esprit de beaucoup de personnes il se fait une confusion qu'il importe au plus haut degré de faire disparaître.

Que de fois j'ai entendu assimiler les assurances sur la vie (à capital fixe) aux opérations dites *Tontines*, opérations qui, par le fait, n'assurent rien !

La tontine ne peut que faire espérer une somme inconnue résultant d'un partage éventuel.

L'assurance sur la vie, au contraire, assure et donne une somme fixe, connue d'avance. Arrive la mort du père de famille, la tontine est souvent un désastre, là où l'assurance sur la vie serait une providence.

Si l'enfant meure, toutes les primes versées sont perdues — l'assurance sur la vie, au contraire, est indépendante de l'enfant — aussi lui survit-elle. L'expérience est faite, les tontines ont donné de maigres résultats — cela devait être, — et il me serait facile d'expliquer pourquoi les résultats obtenus n'ont pas répondu aux espérances, mais je m'écarterais de mon sujet; et si j'ai parlé des tontines, c'était uniquement dans le but de faire disparaître cette confusion, qui, à mon avis, a été et est encore un obstacle sérieux à une plus grande extension de l'assurance sur la vie.

Une autre objection qu'il importe aussi d'autant plus de réfuter, qu'elle est plus souvent mise en avant, est celle-ci : J'ai consulté ma femme, elle s'oppose complètement à cette opération.

La situation de la femme est, je l'avoue, quelque peu fausse, car généralement elle est la première bénéficiaire du contrat; mais je ne saurais supposer que la femme qui s'entend si bien à toutes les œuvres de prévoyance, puisse repousser celle qui peut le mieux assurer sa sécurité et celle des siens, à la fois dans le présent et dans l'avenir.

A mon avis tout dépend de la manière dont la chose lui est présentée; car croire la femme hostile à l'assurance, c'est certainement la calomnier.

Je crois plutôt qu'elle n'en comprend pas la véritable portée; éclairons-là et elle deviendra probablement son plus ardent défenseur.

Démontrons lui que l'opération proposée est morale, qu'elle répond à ses plus légitimes aspirations, et tout fait supposer qu'elle n'opposera plus de résistances.

Si on lui demandait d'aliéner le patrimoine de ses enfants pour le convertir en viager, il est certain qu'elle repousserait cette opération comme indigne d'une bonne mère de famille et certes elle aurait dix fois raison.

Il s'agit donc de lui faire comprendre qu'en refusant de consentir à une assurance sur la tête de son mari, elle ne fait pas en quelque sorte autre chose (à son insu sans doute), puisqu'elle se refuse à laisser créer un patrimoine avec partie d'un revenu viager.

L'homme qui a des motifs de croire qu'il peut essuyer un refus, n'aurait-il pas raison d'agir comme il le ferait, s'il testait en faveur de sa femme ; c'est-à-dire de ne pas lui demander conseil ?

Tenons pour certain que la plupart des femmes approuveront leur mari, lorsque ce dernier viendra déclarer que moyennant une prime annuelle il a acheté, au profit des siens, la survivance des ressources qui reposent en entier sur sa tête.

C'est alors que, désireuse elle aussi de s'associer à l'œuvre de son mari, elle fera des sacrifices, s'imposera au besoin des privations, et parfois s'assurera elle-même, pour sauvegarder l'avenir des êtres qu'elle chérit.

L'opposition irréfléchie que fait souvent la femme à l'assurance, peut aussi être combattue victorieusement en se plaçant au point de vue du devoir et du droit.

L'homme en se mariant, en devenant père de famille prend l'engagement de protéger femme et enfants — cette protection, il la doit non seulement pendant sa vie, mais pendant la leur — elle est pour lui un devoir.

De ce devoir découle le droit de la femme et des enfants ; or l'assurance devant à juste titre être considérée comme le moyen le plus efficace de prolonger cette protection, il faut en conclure que l'assurance sur la vie est le droit de la femme, surtout lorsque tout repose sur le mari ; de même que c'est le droit de l'enfant quand son avenir dépend de l'existence du père.

A ceux qui reconnaissent que l'assurance est chose excellente, et la repoussent néanmoins, prétendant qu'ils ne sauraient prélever une somme quelconque sur leurs revenus, honoraires, traitements ou salaires de chaque jour, je répondrai : êtes vous bien certains de ce que vous avancez, à savoir qu'il vous est impossible d'économiser ?

Avez-vous au moins essayé ?

Je conviens qu'il est pénible d'avoir des privations à s'imposer, mais si le motif de refus que vous alléguez est vrai, je vous plains, vous et votre famille, car l'économie me paraît d'autant plus impérieuse que, dans votre position vous ne sauriez vous défendre de faire des réflexions bien tristes sur l'avenir de votre femme et de vos enfants, dans le cas où vous leur manqueriez prématurément.

L'épargne est toujours possible ; commencez par une petite somme, sauf à l'augmenter lorsque vos ressources grandiront, mais commencez ; qui donc oserait vous critiquer ?

La plus mince économie, lorsqu'elle se fait en vue des intérêts de la famille, est toujours respectable.

D'autres disent avec une certaine conviction qui mérite quelques égards :

Nous repoussons votre proposition, pour cette raison que nous voulons être nos propres assureurs, et que pour cela nous n'avons pas besoin de nous adresser à une compagnie d'assurances.

Il nous suffira de mettre chaque année de côté la somme égale à la prime que nous aurions à payer ; et après 25 ou 30 ans nous serons en possession du capital désiré.

Soit : Mais d'abord, il faudrait pour cela (ce qui est impossible) pouvoir assurer votre propre existence : en second lieu, êtes vous assez sûr de vous, pour que cette réserve non obligée par un engagement pris, se fasse régulièrement et à jours dits?

Enfin êtes vous bien certain que vous ne ferez pas un seul mauvais placement?

Chaque jour on voit malhenreusement que sur ces trois points beaucoup se font illusion.

Mais je veux aller plus loin, et m'appuyant d'un exemple, vous prouver que dans certains cas, celui qui s'assure, non-seulement enrichit sa famille, mais augmente même son propre bien-être dans une assez large mesure.

Je supposerai un père de famille gagnant annuellement 10 à 12,000 francs.

Tout le bien-être dont jouissent femme et enfants repose en entier sur sa tête.

Effrayé à cette pensée que s'il venait à leur manquer, aisance et bien-être disparaîtraient avec lui ; il prend la résolution de mettre de côté chaque année 5,000 francs qui capitalisés seront destinés à former la somme de 100,000 francs qu'il désirerait laisser aux siens.

Pour atteindre ce but il lui faudra 15 à 16 ans de privations ; quelque dur que cela puisse être, son amour paternel lui fait un devoir de ne pas hésiter.

Il a 37 ans, jeune encore, il peut espérer pouvoir réaliser son projet ; aussi va-t-il se mettre courageusement à l'œuvre ; mais s'il apprend qu'à cet âge il lui suffirait de compter chaque année 3,000 francs à une compagnie d'assurances pour que son idéal 100,000 francs soit constitué non pas dans 16 ans, mais le jour même où il aura contracté, et payable immédiatement à ses héritiers s'il venait à leur être enlevé prématurément, croyez-vous qu'il ne s'empressera pas de recourir à l'assurance ? — Le faisant, n'augmentera-t-il pas ses ressources annuelles de 2,000 fr. qu'il consacrera au bien-être de sa famille, ou qu'il placera chaque année s'il veut donner suite à ses idées d'économie?

Dans ce dernier cas, ces 2,000 francs placés et capitalisés annuellement produiront après 16 ans une somme de 40,000 francs environ, et sa famille sera en outre comme le premier jour assurée pour 100,000 fr.

La seule objection à faire est celle-ci : en s'assurant, cet homme prend l'engagement de payer toute sa vie une prime de 3,000 francs, tandis que pour atteindre son but, il lui suffisait d'économiser 5,000 francs pendant seize ans.

N'oublions pas que la participation aux bénéfices, à laquelle a droit l'assuré aura pour effet de diminuer peu à peu la prime, et finalement de l'annuler. Il est en outre à remarquer que les 2,000 francs de différence ont produit un capital dont partie des intérêts serviront après seize ans à payer la prime, qui alors se trouvera très-sensiblement diminuée.

Mais c'est trop beau, objectera-t-on; eh! n'en est-il pas de même de toutes les institutions nouvelles non comprises. On commence par crier c'est trop beau, et plus tard on s'écrie : c'est tout simple.

Le grand défaut de l'assurance sur la vie, on ne saurait trop le répéter, a dit un de ses plus vaillants défenseurs, est de ne pas être connue. *On sait le mot, on ignore la chose.*

En effet, combien croient encore que, dans le cas où l'assuré se trouverait dans l'impossibilité de tenir l'engagement pris, capital et primes payées seraient entièrement perdus; qu'ils se rassurent. Car il suffit d'avoir payé trois primes, pour, sans avoir plus rien à débourser, continuer à recevoir pendant toute la vie sa part des bénéfices, au prorata des primes payées, et pour qu'à la mort de l'assuré le bénéficiaire reçoive partie du capital, réduit bien entendu dans la proportion des versements faits.

Quoi de plus équitable, de plus paternel! Il n'est pas aussi inutile de dire qu'après trois primes payées, les Compagnies, sur la demande de l'assuré, sont disposées à racheter le contrat.

Le prix de ce rachat est naturellement calculé sur la valeur du contrat au moment où a lieu la demande.

Je dois aussi envisager le contrat d'assurance au point de vue du crédit.

Il est transmissible par voie de transfert inscrit au dos de la police et accepté par la Compagnie. Or, un capitaliste nanti de ce gage, hésite d'autant moins à prêter, qu'il sait que la Compagnie paierait au lieu et place de l'emprunteur, si la mort surprenait ce dernier avant qu'il ait pu rembourser sa dette.

Nombre de personnes ont recours à ce moyen, car il est triste d'avouer que, de nos jours, quiconque veut emprunter et n'a que sa probité pour caution, trouve difficilement un prêteur.

J'ai démontré en quoi consistait l'assurance sur la vie. Combattant les préjugés qui souvent la font repousser, j'en ai fait ressortir le côté moral et utile.

Voyons actuellement à qui convient l'assurance.

Je commencerai par dire que si, de prime-abord, elle semble convenir surtout à certaines classes de la société, on découvre néanmoins, pour peu qu'on y réfléchisse, son application à toutes les positions sociales, à toutes les fortunes.

En Angleterre, où cette institution jouit d'une immense faveur, grands ou petits, riches ou peu fortunés, tous ceux qui tiennent à quelqu'un ou à quelque chose, recourent à l'assurance.

Sans aucun doute, cette opération convient surtout à ceux qui tiennent l'aisance dont ils jouissent de leur talent, de leur profession, de leur travail.

Véritables usufruitiers, ils courent dès lors le risque de laisser dans la gêne ceux auxquels ils doivent des moyens d'existence. L'assurance étant seule capable de garantir cet avenir, en convertissant partie de l'usufruit en capital, devient, dans ce cas, presque un devoir.

Quant à l'homme riche, mais dont la fortune engagée dans des entreprises commerciales ou industrielles, est par ce fait sujette à des variations, il fera certainement acte de sagesse, en employant une partie de ses revenus en un contrat qui, en cas de revers ou pertes partielles, garantirait tout ou partie du patrimoine.

Pour celui dont la fortune consiste en terres et en immeubles, la somme assurée servira à faciliter les partages; elle empêchera quelquefois le démembrement du domaine des ancêtres; elle sera la soulte souvent nécessaire pour égaliser les lots. Dans tous les cas elle sera la bienvenue pour l'acquittement des droits de succession.

A un fils incapable de gérer sa fortune, le père de famille prévoyant, peut, au moyen d'une prime annuelle payée de son vivant, assurer une rente viagère au lieu de capital.

Un père de famille dont l'âge trop avancé, ou la santé débile, serait un obstacle à une assurance sur sa tête, peut contracter sur la tête de ses enfants mineurs ; cette opération aurait en outre ce bon côté d'inculquer de bonne heure aux enfants des principes d'économie (vertu rare de nos jours).

Voilà un homme riche, complètement étranger au commerce, à l'industrie ; il sait très-bien que sa fortune ne

saurait s'accroître sensiblement, il a une nombreuse famille
et il doit naturellement prévoir que ses enfants élevés dans
le bien-être seront cinq ou six fois moins riches que lui ; un
contrat d'assurance dont la prime serait prélevée sur ses
revenus, lui permettrait de laisser à ses héritiers une fortune plus en rapport avec le rang qu'ils devront occuper
dans la société.

Pour ceux qui marchent dans la voie de la fortune et
réalisent de gros bénéfices, pourrait-on affirmer que l'assurance soit chose inutile ?

En effet, est il bien certain que la mort ne viendra pas
brutalement tarir la source où ils puisent ?

Ils feraient, quoi qu'il arrive, acte de prudence tout en se
créant une compensation personnelle, fruit de la participation.

Entre plusieurs associés l'assurance est praticable, soit au
profit les uns des autres, soit au profit du commerce.
Cette combinaison offrira un moyen certain de parer aux
effets souvent désastreux d'une liquidation nécessitée par
la mort de l'un d'eux ; le ou les survivants tenus à des
remboursements quelquefois à échéances limitées, trouve-
ront à y pourvoir avec le capital assuré.

Un commanditaire, exigeant de ses commandités une
assurance sur la vie, se procurera ainsi une garantie
contre des événements que l'on ne saurait prévoir.

Le chef d'une grande industrie pourrait trouver dans
l'assurance une combinaison, dont le but serait de procurer

les ressources les plus indispensables à la veuve et aux orphelins d'un ouvrier mort prématurément à son service.

L'homme bienfaisant trouvera dans l'assurance le moyen de prolonger sa générosité au delà du tombeau.

Par une prime annuelle prélevée sur ses revenus et assurant un capital à sa mort, il peut fonder une œuvre de bienfaisance, venir en aide à telle ou telle institution qu'il affectionnait de son vivant, ou attacher son nom à un monument quelconque d'utilité publique destiné à perpétuer sa mémoire.

A l'homme généreux et qui tient cependant à ce que sa succession ne soit pas entamée, l'assurance seule offre un moyen facile d'étendre le cercle de ses largesses.

Voyez ce jeune homme qui, au début de sa carrière, s'impose des privations pour payer régulièrement une prime d'assurance :

Il fait un acte de sage prévoyance en prévision des éventualités de l'avenir.

Il témoigne, malgré sa jeunesse, d'un esprit d'ordre et d'économie (chose rare de notre temps).

Pensez-vous que cette manière de faire ne sera pas largement appréciée lorsque sonnera pour lui l'heure du mariage ?

Un mari prévoyant peut, par une assurance, garantir la dot de sa femme.

De son côté, la femme en s'assurant elle-même au profit de son mari, ne sera-t-elle pas heureuse à la pensée qu'un malheur survenant, celui qu'elle aime sera à l'abri de la gêne ?

Le père d'une jeune fille à marier, n'aura-t-il pas souvent raison d'exiger de son gendre futur une assurance sur la vie, comme garantie de la dot qu'il remet à sa fille?

J'avais donc raison d'affirmer qu'en réfléchissant un peu sur la question des assurances sur la vie, on découvrirait leur appplication dans une foule de cas où on ne la voyait pas de prime-abord.

Si je reconnais leur utilité pour beaucoup, je la recommanderai presque comme un devoir à une classe nombreuse de la société.

Je veux parler des magistrats, des fonctionnaires publics, des hommes voués aux carrières libérales, des employés d'administration, en un mot de tous ces pères de famille, qui ont plus d'aisance que de fortune, plus de revenus que de capitaux, plus d'honneurs que de profits.

A ceux-là, l'assurance sur la vie est la meilleure opération que l'on puisse conseiller.

Elle fait fructifier l'épargne, elle la spécialise, elle met à l'abri de toute éventualité, cette provision sacrée, que désire former tout homme qui a quelque souci de l'avenir des siens.

Il n'est pas de moyens plus ingénieux, de combinaisons plus tutélaires.

Pour s'assurer, a dit un écrivain distingué, «pas n'est
« besoin d'être un modèle de dévoûment, il suffit d'être
« sage, prévoyant et juste. »

Les assurances sur la vie ont eu leurs détracteurs, mais
plus nombreux ont été leurs défenseurs.

Des écrivains de grand mérite et dont l'opinion fait autorité, ont traité avec un talent remarquable les questions
qui s'y rattachent.

Tant de louables efforts devaient porter leur fruit ; aussi
les statistiques des Compagnies françaises publiées chaque
année, démontrent-elles qu'un grand résultat a été obtenu.

Le chiffre des capitaux assurés pour vie entière dépasse
aujourd'hui un milliard.

Espérons encore mieux pour l'avenir.

Mais c'est surtout dans la classe si intéressante des travailleurs, qu'il serait important d'en faire connaître et
apprécier les bienfaits.

L'homme tire de son travail un salaire, un revenu ; si
le travail manque, le salaire, le revenu, disparaissent aussi ;
de là, nécessité absolue pour le travailleur de faire des
économies pendant les jours prospères. C'est le seul moyen
de parer aux éventualités toujours menaçantes.

Celui qui dépense tout ce qu'il gagne, arrive fatalement
à la misère, quelque considérable que soit ce gain ; le chômage, les maladies, la vieillesse, peuvent le priver des
ressources qu'il puise dans le travail.

Ne sera-t-il pas heureux et calme l'homme qui, par une épargne combinée, aura su imiter la fourmi prévoyante?

Epargnez et épargnez encore, vous tous qui travaillez si vous voulez être sûrs du lendemain. Ne dépensez pas tout ce que vous gagnez. Ne fût-ce que 25 centimes, mettez-les de côté; bientôt vous aurez une petite réserve, que la caisse d'épargne se chargera de faire fructifier. Alors, vous serez rentier, et votre réserve s'accroîtra d'elle-même par les intérêts qu'elle produira annuellement.

Sans doute, il n'est pas facile d'économiser, lorsque par le salaire de chaque jour, il faut subvenir à l'entretien d'une famille; mais ne vous rebutez pas, prenez exemple sur vos patrons; presque tous ont été ouvriers, consultez-les: tous ils vous diront que c'est au moyen de l'épargne qu'ils se sont élevés au rang qu'ils occupent; il n'y a que le commencement qui coûte.

Rappelez-vous ces belles paroles de Franklin :

« Si quelqu'un vous dit que l'on peut s'enrichir autre-
« ment que par le travail et l'économie, méfiez-vous de lui,
« c'est un empoisonneur. »

Le célibataire seul, sans famille, peut se contenter de l'épargne en prévision des maladies, du chômage, de la vieillesse; mais l'homme qui a femme et enfants, qui souvent est le soutien de parents âgés, celui en un mot qui a charge d'âmes, ne peut se contenter de l'épargne; qu'il s'adresse alors à une compagnie d'assurances, et le jour même où il lui aura confié ses économies et signé son contrat, le patrimoine sera constitué. Il sera certain alors qu'en cas de mort prématurée, ceux dont il est le soutien auront, grâce à son dévoûment, des moyens assurés d'existence.

L'économie convient à tous, il suffit de gagner plus que le strict nécessaire pour qu'elle soit possible.

Voyez en Angleterre, grand est le nombre des ouvriers qui prélèvent sur le salaire de la semaine une faible somme qu'ils portent à l'assurance !

C'est, disent-ils, la provision de la femme et des enfants. Après quoi ils dépensent sans inquiétude pour l'avenir des **leurs.**

A 21 ans une prime de 5 fr. par mois asssure 3,000 fr.
A 28 ans il faut payer 6 fr.   —   —
A 37 ans ce sera 7 fr. 50   —   —

Avec l'assurance non seulement vous épargnez mais vous spécialisez l'emploi de cette épargne; vous obtenez la capitalisation anticipée, immédiate, vous changez l'incertain contre le certain.

Il vous faudrait plusieurs années pour obtenir le capital qui mettrait votre famille à l'abri du besoin ; pendant ces années, que d'évènements imprévus, que d'éventualités peuvent surgir !

L'économie est une nécessité d'autant plus impérieuse, que l'homme emporte souvent en mourant, l'aisance du du ménage, le pain de la famille. Et ma conviction est, que si l'assurance était généralisée, la misère serait diminuée dans une notable proportion ; partant beaucoup de vices inhérents à la misère.

Combien peu repousseraient l'assurance, s'ils se posaient loyalement cette question :

Quel sera le sort de ceux qui m'entourent, si je meurs prématurément comme tant d'autres, autour de moi, sont morts et mourront ?

L'assurance en obligeant à l'épargne, fait naître et développe l'esprit d'ordre, d'économie, de prévoyance; pour cette seule raison, elle doit être considérée comme un des plus puissants moyens de moralisation.

A ce point de vue, le négociant, l'industriel, le chef d'atelier, tous ceux qui ont sous la main un nombreux personnel de travailleurs, ne devraient négliger aucune occasion de répandre les idées d'assurances, d'en faire apprécier l'utilité, d'en montrer le côté pratique.

Comprises et adoptées par les contre-maîtres d'abord, elles se répandraient plus facilement parmi les humbles travailleurs, et la société je n'en doute pas, aurait beaucoup à y gagner.

M'inspirant de la remarquable brochure *Erudimini* de Henri Caubet, je dirai avec lui « à l'œuvre donc tous ceux « qui ont quelque souci du bien public et de la prospérité « générale, à l'œuvre hommes d'état, philosophes, écono- « mistes, industriels, tous ceux enfin qui par la position « qu'ils occupent dans la société, par leur influence, par « leur talent, peuvent contribuer à dissiper les erreurs et « les préventions qui arrêtent encore l'essor d'une institu- « tion si bienfaisante. »

L'étude de l'assurance n'est pas du reste sans attraits ; au mathématicien, elle apparaît comme la plus ingénieuse application du calcul des probabilités.

Pour l'économiste elle est la solution de plusieurs problèmes sociaux — au père de famille elle indique un moyen certain de laisser à ses enfants un patrimoine en rapport avec les ressources viagères dont il dispose.

Je sais par expérience combien il est difficile de triompher de l'indifférence et de la défiance publiques — mais pénétré de l'excellence de l'institution que je patronne, je poursuivrai ma tâche sans me laisser effrayer par les difficultés que je m'attends à rencontrer et je ne cesserai de répéter cette maxime de Condorcet :

« Il est absurde de ne pas employer son temps à la
« recherche d'une chose qu'on peut connaître, et dont la
« connaissance est d'une importance infinie. »

J'ai dit en quoi consistait l'assurance sur la vie ; je l'ai examinée au point de vue moral et utile, j'ai démontré qu'elle convenait au plus grand nombre, mais que cependant elle pouvait s'appliquer à tous.

Il me reste à voir quelles sont les garanties qu'offrent les compagnies françaises, et quelle confiance doit avoir dans leur honorabilité, leur solvabilité, celui qui, leur donnant ses épargnes, leur confie par ce fait, l'avenir et la sécurité des siens.

Les compagnies françaises ne sont autre chose que des sociétés anonymes disposant de capitaux considérables.

Leurs opérations, soumises à la surveillance du gouvernement, sont réglées par des statuts qui ne leur permettent d'employer les sommes énormes dont elles disposent, qu'en rentes françaises, en obligations ou en immeubles.

A toutes il est interdit de faire des placements qui présenteraient des chances aléatoires.

Rendez-vous compte de la ponctualité avec laquelle les compagnies françaises remplissent leurs engagements envers le public.

Consultez leurs comptes-rendus annuels, examinez leurs inventaires ; voyez avec quel soin elles établissent leurs réserves ; et vous trouverez dans cet examen le meilleur garant de la sécurité que vous êtes en droit de rechercher.

Je pourrais prouver par des calculs irréfutables, qu'une compagnie sagement administrée marche au succès avec une exactitude mathématique ; mais ces développements exigeant des chiffres, dépasseraient la limite que je me suis imposée.

La principale source des bénéfices réside dans le choix des assurés ; plus est grande la différence en moins entre la mortalité réelle et celle indiquée par les tables de mortalité qui ont servi de base à l'établissement des tarifs, plus sont considérables les bénéfices des compagnies ; plus grands dès-lors les résultats de la participation.

Il résulte de ce fait l'obligation pour les compagnies de soumettre à un examen scrupuleux toutes propositions qui leur sont faites.

Les chances aléatoires diminuant en raison de l'augmentation du nombre des risques, il faut en conclure que plus une compagnie compte d'assurés, plus elle est naturellement appelée à réaliser de bénéfices.

Les compagnies françaises sont d'une solidité à toute épreuve, et elles doivent avec raison être considérées comme des établissements financiers de premier ordre.

Une mortalité même extraordinaire, ne saurait ébranler le crédit de celles qui habilement dirigées, fonctionnent depuis un grand nombre d'années — par cette raison que les opérations étant multiples et inverses, elles auraient peut être dans ce cas plus à recevoir qu'à donner.

En effet en même temps qu'elles assurent un capital au décès, en même temps elles reçoivent des capitaux en viager ; en même temps aussi elles font des assurances en cas de vie.

Une compagnie sage établira toujours l'équilibre entre ces opérations inverses ; et cela lui sera facile au moyen des réassurances.

La prudence lui commandera aussi de veiller avec le plus grand soin à ne pas conserver sans réassurance des risques trop disproportionnés.

Si (ce que je ne veux supposer) une compagnie mal gérée, compromettait sa situation, le gouvernement la forcerait à liquider.

Le portefeuille serait racheté par une autre compagnie dont les preuves seraient faites.

Les actionnaires seuls pourraient perdre, mais non les assurés.

Il y a néanmoins un grand intérêt pour l'assuré à ne donner sa confiance qu'à une compagnie en pleine prospérité.

La composition du conseil d'administration est à mon avis d'une très-grande importance et doit être examinée avec soin par celui qui désire contracter.

Des hommes pratiques et rompus aux affaires, des sommités de la banque, du commerce et de l'industrie devront partout et toujours inspirer une grande confiance.

Dès lors qu'il s'agit d'une opération qui peut être de longue durée, l'homme qui veut s'assurer ne saurait s'entourer de trop de renseignements — il doit avant tout être convaincu, que la compagnie à laquelle il a l'intention de s'assurer, a donné jusqu'alors des preuves certaines de prudence et de bonne gestion.

Il agira donc sagement en prenant en grande considération :

1° Le chiffre du capital social ;

2° La composition des réserves qui servent de garantie aux opérations.

L'importance des réserves supplémentaires.

Il devra se rendre compte de la manière dont s'établissent ces réserves, car de cette opération faite avec plus ou moins de prudence, dépend souvent la sécurité d'une compagnie qui ne doit en aucun cas, pouvoir être prise au dépourvu.

Il serait aussi grandement à désirer que les bases sur lesquelles s'opère la répartition des bénéfices, fussent étudiées et connues de tous les contractants.

Chaque compagnie ayant, pour ainsi dire, un mode à elle de procéder, tel mode doit naturellement être plus ou moins équitable, plus ou moins avantageux à l'assuré.

Convaincu que peu de personnes résisteraient à l'assurance si elles voulaient consentir à étudier cette question si palpitante d'intérêt, je ne cesserai de donner le conseil d'aller trouver l'agent général qui se prêtera le mieux à expliquer dans tous ses détails l'assurance sur la vie, mais j'ajouterai : méfiez-vous des Compagnies étrangères, dont vous ne connaîtriez qu'imparfaitement les statuts, ne confiez vos capitaux qu'à celle dont vous pourrez apprécier d'une manière certaine la position pécuniaire.

L'exemple des Compagnies anglaises *l'Albert* et *l'European*, doit vous mettre sur vos gardes et vous tenir en éveil.

Méfiez-vous aussi de ceux qui vous promettent de gros bénéfices.

Quant à moi, je me bornerai à vous dire :

Si l'assurance peut être considérée comme un placement plus ou moins avantageux, en raison du plus ou moins de bénéfices que fera la Compagnie à laquelle vous vous serez adressé ; elle est, et sera toujours et avant tout, un acte de haute moralité et de sage prévoyance, parce qu'elle offre le moyen de constituer un patrimoine à ceux qui n'en ont pas, parce qu'elle est la sauvegarde de la famille, parce qu'elle est appelée à conjurer bien des misères, à soulager bien des infortunes ; parce qu'elle est, selon moi, tellement bienfaisante que, si elle n'existait pas, il faudrait la créer dans l'intérêt de l'humanité ; parce qu'enfin le crédit des Compagnies françaises, repose incontestablement sur les bases les plus solides.

Comme l'un des représentants à Lyon de la Compagnie la *Nationale*, je me mets à la disposition de toute personne désireuse de connaître dans ses détails le mécanisme de ses opérations.

J'expliquerai comment notre Compagnie s'appuyant, avant tout, sur la plus stricte équité, établit ses inventaires bisannuels ; comment elle fait ses réserves ; sur quelles bases ont lieu ses répartitions.

Je dirai que la *Nationale*, Compagnie-Vie, a été fondée en 1830, sous le patronage des hommes les plus considérables de l'époque ; que si ses opérations ont atteint l'importance qu'elles ont aujourd'hui, c'est grâce à la position, à la loyauté de ces hommes qui, pour ainsi dire de père en fils, en ont rempli les fonctions délicates d'administrateurs.

J'appellerai l'attention sur le dernier compte-rendu de la *Nationale*.

On y verra qu'une somme de 8,500,000 francs a déjà été répartie entre ses assurés-participants.

Que fin 1871 , la Compagnie avait payé au décès des assurés plus de 17,000,000 francs.

Qu'elle paye annuellement pour arrérages de rentes viagères une somme dépassant 5,000,000 francs.

Qu'aujourd'hui elle possède en garantie un capital de 105,000,000 des mieux justifiés.

Que, en outre des réserves spéciales à chaque nature d'assurances, la Compagnie a très-largement fait la part de l'imprévu, par des réserves supplémentaires ou de prévoyance. Que, par ce fait, elle n'a pas à se préoccuper de l'influence momentanée que les événements ont pu exercer sur la valeur de ses placements mobiliers et immobiliers.

Aussi peut-on hardiment affirmer qu'aucune Compagnie, opérant en France, ne peut, sous ce rapport, être mise en parallèle avec la *Nationale*.

En mettant sous les yeux de mes lecteurs la composition du Conseil d'administration, je terminerai en disant :

Une Compagnie administrée par des hommes aussi honorables et d'une telle valeur, doit, à mon avis, être à l'abri de toute critique.

Le passé peut avec raison être invoqué comme la garantie de l'avenir.

CONSEIL D'ADMINISTRATION

DE LA COMPAGNIE

LA NATIONALE

M. Bourceret (F.), ancien banquier, propriétaire, président du Conseil.

ADMINISTRATEURS

MM. La Panouse (le comte de), propriétaire ;

Lefebvre (Francis), ancien banquier, ancien régent de la Banque de France ;

Mallet (Henri), de la Maison Mallet frères et Cie, banquier ;

Hottinguer (le baron Rodolphe), banquier, régent de la Banque de France ;

De Waru (A.), ancien régent de la Banque de France ;

André (Alfred), banquier, régent de la Banque de France, membre de l'Assemblée nationale ;

Rothschild (le baron Gustave de), banquier ;

Lutscher (André), de la Maison Hentsch-Lutscher, banquier ;

Clausse (Gustave), propriétaire ;

Demachy, de la Maison F.-A. Seillière, banquier ;

Vuitry, ancien ministre, présidant le Conseil d'Etat ;

MM. Le Lasseur, de la Maison Périer frères, banquier ;
    Archdéacon (Edmond-Alexandre), ancien agent de
    change ;
    Pillet-Will (le comte Fréd.), banquier, régent de la
    Banque de France.

CENSEURS

MM. Davillier (Henri), régent de la Banque de France,
    ancien président de la Chambre de Commerce de Paris ;
    Denormandie, président de la Chambre des Avoués,
    membre de l'Assemblée nationale ;
    Moreau (Frédéric), négociant, censeur de la Banque de
    France.

DIRECTEUR

M. Onfroy (I.-S.-L.), ancien négociant, ancien membre du
Conseil municipal de la ville de Paris.